DIVERSES DECLARAONS.
du Roy, Et Arrests du
Conseil en differentes
matieres.

LETTRES PATENTES DV ROY EN FORME D'EDICT,

touchant le don faict par sa Majesté des Duchez d'Orleans, Chartres, & Comté de Blois.

A

MONSEIGNEVR SON FRERE VNI-que en tiltre d'Apanage: & la Declaration faicte par sa-dicte Majesté en suitte desdictes Lettres, auec les Arrests de verification d'icelles.

A PARIS,

Chez PIERRE METTAYER Imprimeur & Libraire Ordinaire du Roy.

M. DC. XXVIII.

LETTRES PATENTES

DV ROY EN FORME D'EDICT,

touchant le don faict par sa Majesté des Duchez d'Orleans, Chartres & Comté de Blois, à Monseigneur son Frere Vnique en tiltre d'Apanage: & la Declaration faicte par sadite Majesté en suitte desdites Lettres, auec les Arrests de verification d'icelles.

OVIS PAR LA GRACE DE DIEV, ROY DE FRANCE ET DE NAVARRE, A tous presens & à venir, Salut. Comme par le deceds de feu nostre tres honoré Seigneur & pere, nostre tres-cher & tres-amé Frere Gaston Iean Baptiste, soit demeuré en si bas âge qu'il n'a esté possible à feu nostredict Seigneur & pere luy donner aucun Apanage, au moyen de quoy depuis son trespas & nostre aduenement à la Couronne il a par la grande prudence de nostre tres honorée Dame & Mere, & pour la singuliere & fraternelle amitié que nous luy auons tousiours porté & portons encores à present, esté conduit & entretenu en l'honneur & bon traictement qu'il merite : ce que desirans voir continuer à l'aduenir, & par effect faire cognoistre quel est le soing que nous auons de nostredict Frere, & de son bien, grandeur & aduancement ; ayans mis en consideration l'âge de nostredict tres cher & tres-amé Frere, qui est de dix-huict ans ou enuiron, ses sens, vertus, & nature in-

A ij

clinations à toutes choses grandes & dignes d'vn Prince issu de la maison de France, l'honneur, reuerence & amitié qu'il nous a tousiours porté: cognoissant aussi qu'il a prudence & iugement pour conduire non seulement sa Maison, mais aussi les biens, terres & subiects que nous luy voudrons delaisser: Nous auons estimé estre desormais temps de luy pouruoir d'Apanage condigne à la Maison dont il est issu, & à la tres-grande & fraternelle amitié que nous luy portons: ce qu'ayant mis en consideration auec la Royne nostredite tres-honorée Dame & Mere, aucuns Princes & principaux Officiers de nostre Conseil, SÇAVOIR FAISONS, que nous desirans bien & fauorablement traicter nostredict Frere, luy donner moyen d'entretenir plus honorablement sa Maison selon la dignité du Sang dont est, & pouruoir aux enfans masles qui descendront de luy en loyal Mariage; POVR CES CAVSES & autres bonnes, grandes & raisonnables consideratios à ce nous mouuans: AVONS par l'aduis, conseil & deliberation que dict est, donné, octroyé, & delaissé, donnons, octroyons & delaissons par ces presentes à nostredict Frere vnique, & à ses enfans masles descendans de luy en loyal mariage, pour leur Apanage & entretenement, selon l'ancienne nature des Apanages de la Maison de France, & loy de nostre Royaume tousiours gardée en iceluy, les Duchez d'Orleans & Chartres, & Comté de Blois ainsi qu'ils se comportent, estendent & consistent de toutes pars, tant en Villes, Cités, Chasteaux, Chastellenies, Places, Maisons, Forteresses, fruicts, profits, cens, rentes, reuenus, émolumés, Hommes, Hommasses, Vassaux, Vasselages & Suiects, Bois, Forests, Estangs, Riuieres, Fours, Moulins, Prez, Pasturages, Fiefs, Arriere-fiefs, Iustices, Iurisdictions, Patronages d'Eglises, Collations de Benefices, Aubenages, forfaictures, Confiscations & amendes, Quints, & requints, lots, ventes, profits de Fiefs, & tous autres droicts & debuoirs quelconques qui nous appartiennent esdictes Duchés & Comté, & à cause d'iceux, & ce iusques à la concurrence de la somme de cent mil liures tournois de reuenu par chacun an, les charges prealablement acquitées; Pour parfaire laquelle somme, nous rachepterons dans la fin de l'année prochaine mil six cens vingt-sept nostre Domaine engagé dans l'estenduë desdicts Duchés & Comté, iusques à la concurrence de ce qui defaudra de ladicte somme de cent mil liures par an, pendant lequel temps & iusques

audi& rachapt, eualuation faiête du reuenu non aliené, noſtre-
di& Frere iouyra du ſuplément d'icelle ſomme ſur nos Aydes &
Gabelles deſdites Duchez & Comté, & en ſera payé iuſques à la
concurrence de ladite ſomme de cent mil liures, ſur ſes ſimples
quittances, ou de ſes Treſoriers & Receueurs generaux, par les
mains des Receueurs deſdits Aydes, Grenetiers & Receueurs
deſdites Gabelles, ou Fermiers de l'vn & l'autre. Pour deſdiêtes
Duchés & Comté leurſdiêtes appartenances & dependances,
droiêts, fruiêts & reuenus deſſuſdiêts, iuſques à ladite ſomme de
cent milliures de rente, iouyr & vſer par noſtredit Frere & ſeſdits
hoirs maſles en droiête ligne par forme d'Apanage tant ſeulement, à commencer du iour de la verification qui ſera faiête de
ces preſentes en noſtre Cour de Parlement, Chambre des Comptes & Cour des Aydes à Paris, à telles authorités, prerogatiues
& preeminences qui appartiennent à tiltre de Duc & Comte re-
ſpeêtiuement, ſans aucune choſe en retenir, ny reſeruer à nous
ny à noſtre Couronne & ſucceſſeurs, fors ſeulement les foy &
hommage liges, droiêts de reſſort & ſouueraineté, la garde des
Egliſes Cathedrales, & autres qui ſont de fondation Royale ou
autrement priuilegiées, la cognoiſſance des cas Royaux, & de
ceux dont par preuention nos officiers doiuent & ont accouſtumé cognoiſtre : pour leſquels decider, cognoiſtre & determi-
ner ſeront par nous crées, mis & eſtablys Iuges des Exempts, ou
autres, leſquels auront la cognoiſance & iuriſdiction deſdiêts
cas & matieres. Voulãs neantmoins que les reuenus des exploiêts,
amendes, greffes, ſeaux, & autres emolumens qui viendront de
ladiête iuriſdiction des Exempts ſoient & demeurent a noſtrediêt
Frere, ſur leſquels toutesfois ſeront payez les gages qui ſeront
ordonnez à iceux Iuges ou Lieutenans : Et le ſurplus de la Iuſtice
& Iuriſdiêtiõs ordinaires deſdits Duchés & Comté ſera exercée
& adminiſtrée au nom de noſtre Frere & ſes ſucceſſeurs maſles, comme diêt eſt, par les Baillifs, Seneſchaux deſdiêts lieux,
& autres Iuges qui ont eſté eſtablys & inſtituez par cy-deuant,
ou leurs Lieutenans generaux, ſans y faire par noſtrediêt Frere
aucune innouation ou mutation, ny deſapointer les officiers qui
ſont de preſent, & qui ont eſté par nos predeceſſeurs ou nous
pourueus : deſquels offices de Baillifs, Seneſchaux, Iuges, & autres officiers dependans dudit Domaine deſdites Duch ez & Cô-
té, il aura quand vacation y eſcherra, & ſeſdiêts ſucceſſeurs maſ-

les, la pleine prouifion & inftitution, fors defdits Iuges des Exempts, & des Prefidens, Iuges, Confeillers & autres officiers des
fieges Prefidiaux eftabliz és lieux de fondict Apanage, la prouifion defquels, & femblablement de tous offices de nos Aydes,
Tailles, Gabelles, Preuofts des Marefchaux, leurs Lieutenans,
Greffiers & Archers, & autres officiers extraordinaires defdites
Duchez & Comté, Nous referuons à nous & à noftre difpofi-
tion, comme auffi le reuenu des exploicts & amendes quinous
feront adiugées és cas des Edicts en dernier reffort par lefdicts
Iuges Prefidiaux. Permettant & accordant au fur plus à iceluy
noftredit Frere qu'il puiffe & luy foit loifible d'ordõner & efta-
blir en l'vne des villes de fon Apanage telle qu'il aduifera vne
Chambre des Comptes, en laquelle les Receueurs du Domaine
defdictes Duchez & Comté rendront cõpte de leurs receptes &
adminiftration de leurs charges, fi mieux il ne fe veut feruir de
celle ia eftablie dans ledict Comté de Blois, à laquelle en ce cas,
pourront eftre par luy créez & adiouftez les officiers neceffaires;
Et où il ne s'en voudroit feruir, nous l'auons dés à prefent fup-
primée, fans qu'en ce cas il foit tenu de leurs gages, aufquels il
fera par nous poururu, à la charge que de trois ans en trois ans les
comptes qui ainfi feront rendus en fadicte Chambre des Comptes feront enuoyez en noftre Chambre des Comptes à Paris, ou
les doubles d'iceux deuëment collationnez, fignez & certifiez
pour la conferuation de noftredict Domaine, & que lefdicts Receueurs du Domaine feront tenus prendre par chacun an leurs
Eftats de la recepte & defpence de leur charges des Threforiers de France, qui auront efgard que nos droicts fon-
ciers ne s'efgarent faute d'y auoir l'œil. Et auffi que noftredict
Frere & fefdicts fucceffeurs feront tenus d'entretenir & faire entretenir les fondations des Eglifes, les Maifons, Chafteaux &
Fortereffes defdites Duchez & Comté en bon eftat & reparation,
payer les fiefs, aumofnes & autres charges ordinaires d'iceux,
ainfi qu'il a efté cy-deuant accouftumé de faire. Et en outre pour
plus hautement accroiftre & efleuer en honneur noftredict Frere, Nous auons de noftre plus ample grace & authorité, & pour
les caufes & confiderations fufdictes, voulu & à noftredict Frere
accordé, ordonné & octroyé, voulons, accordons, ordonnons
& octroyons, & à fefdicts fucceffeurs mafles en droicte ligne &
loyal mariage, qu'ils ayent & tiennent lefdites Duchez & Com-

té en tous droicts & tiltre de Pairie, auec toutes prerogatiues &
preeminences qu'ont accouſtumé d'auoir les Princes de la Maiſon de France & autres tenans de noſtre Couronne en Pairie : à la
charge toutesfois que la cognoiſſance des cauſes & matieres dont
ont accouſtumé de cognoiſtre nos Iuges Preſidiaux leur demeu-
rerõt, ſans que ſous ombre de ladite Pairie ladite cognoiſſance en
ſoit deuoluë par appel immediatement en noſtre Cour de Parlement Moyennant lequel preſent Apanage qui a eſté agreable-
mẽt pris, accepté & receu par noſtredit Frere, & par la Royne noſtre tres honorée Dame & mere ſa tutrice naturelle, preſens &
acceptans en preſence deſdicts Princes & autres grands & plus
notables perſonnages de noſtre Conſeil, Noſtredict Frere & elle
en ſon nom en ladicte qualité, ont en ce faiſant au nom & qualité
ſuſdicte renoncé & renoncent au profit de nous & nos ſucceſſeurs
à noſtre Couronne à tout droict, nom, action, & portion que
noſtredit Frere pourroit ores & à l'aduenir pretendre és terres &
Seigneuries eſcheuës par le treſpas de noſtredict feu Seigneur &
Pere, ſoit qu'elles ſoient vnies ou non à ceſte Couronne : & ſem-
blablement à tous meubles & conqueſts, immeubles de quelque
qualité, valeur & condition qu'ils ſoient par luy delaiſſez. Et ont
promis & promettent noſtredict Frere, & noſtredicte Dame &
Mere aux noms deſſuſdicts de n'en faire iamais aucune querelle
ou demande. Et d'auantage iceluy noſtredict Frere venu en âge
de ratifier & approuuer leſdictes conditions, & d'icelles en bailler & paſſer toutes lettres. Leſquelles acceptation & renonciation faictes par noſtredict Frere, Nous par l'aduis des ſuſdicts
Princes, grands & notables perſonnages de noſtredict Conſeil
qui ont iugé iceux acceptation & renonciation eſtre vtiles & pro-
fitables à noſtredict Frere, Avons de noſtre plaine puiſſance
& auctorité Royale authoriſées & authoriſons, les declarant e-
ſtre de perpetuelle fermeté & effect, & en tant que beſoin ſeroit,
auons ſur ce interpoſé noſtre decret. Et à fin qu'il n'y ait aucun
doubte, ambiguité & queſtion à l'aduenir au faict de ce preſent
Apanage, Nous auons dict, declaré & ordonné, diſons, declarons & ordõnons par l'aduis de noſtre Conſeil & deliberatiõ des
deſſuſdits. Que ſuiuãt la nature deſdits Apanages & loy de noſtre
Royaume, où noſtredict Frere ou ſes deſcẽdans maſles en loyal
mariage iroient de vie à trepas ſans enfans maſles deſcendus de
leurs corps en loyal mariage, en ſorte qu'il ne demeuraſt aucun

enfant mafle defcendant par ligne des mafles de noftredict Frere, bien qu'il y euft fils ou filles des filles defcendans d'iceux, audict cas lefdictes Duchez & Comté par nous donnez à noftredit
Frere pour fon Apanage retourneront librement à noftre Couronne, comme iceluy Apanage efteint & finy fans autre adiudi-
cation ou declaration, & s'en pourront nos fucceffeurs à noftre Couronne emparer., & en prendre la poffeffion & iouiffance
à leur plaifir & volonté, fans aucun contredict ou empefchement,
ny qu'on puiffe obiecter aucun laps de temps ny prefcription.
Voulons auffi qu'encores que noftredict Frere Vnique ne foit
que le troifiefme fils du feu Roy noftredict Seigneur &
Pere, & qu'au moyen de ce il ayt pris le nom & brifeure de Duc
d'Anjou, maintenant qu'il eft par nous pourueu de celuy d'Orleans attribué au fecond fils de France, il luy foit loifible de chan-
ger de brifeure, ou la côtinuer & la prédre telle qu'il aduifera bon
eftre. Luy permettant en outre de nos puiffance & auctorité que
deffus, de racheter fi bon luy femble à fon profit nos Domaines
engagez dans l'eftenduë defdictes Duchez & Comté, en rem-
bourfant à vn feul & parfaict payement les acquereurs de leur
fort principal, fraiz & loyaux coufts. Et d'autant que les Receueurs de nos Domaines de Coucy, la Fere, Comté de Marle, &
autres terres qui fouloient compter de noftredict Domaine en
ladicte Chambre des Comptes de Blois, en font par ce moyen
excluz, Nous voulons, declarons & ordonnons que deformais
ils iront compter du faict de leurs charges en noftre Chambre des
Comptes à Paris. Si DONNONS EN MANDEMENT à nos
amez & feaux Confeillers les gens tenans noftre Cour de Parlement, Chambre de nos Comptes & Cour des Aydes à Paris,
Prefidens & Treforiers de France Generaux de nos Finances e-
ftablis à Orleans, Baillifs dudict Orleans, Chartres & Blois, ou
leurs Lieutenans chacun en droict foy ainfi qu'il appartiendra,
ils facent ces prefentes, don, ceffion, delaiz & tranfport, lire,
publier, & enregiftrer : & de tout le contenu cy deffus fouffrent
& laiffent noftredict Frere le Duc d'Orleans & fes fucceffeurs
mafles, iouyr & vfer plainement & paifiblement par la forme &
maniere que deffus eft dict, & luy baillent & deliurent, ou facent
bailler & deliurer, à commencer du iour de la verification qui
fera comme dict eft faicte des prefentes, la poffeffion, faifine &
iouyffance defdictes Duchez & Comté, leurs appartenances &
dependances,

deppendances sans en ce luy faire mettre ou donner ne souffrir luy estre fait mis ou donné ou à ses successeurs masles aucun trouble, destourbier ou empeschement au contraire, lequel si faict, mis ou donné leur estoit, facent incontinent le tout reparer & remettre à plaine & entiere deliurance, & au premier estat & deu. Et rapportant cesdictes presentes signées de nostre main, ou Vidimus d'icelles faict soubs le seel Royal pour vne fois, & quittance ou recognoissance de nostredit Frere de la iouyssance des chose dessusdictes, Nous voulons tous nos Receueurs & autres nos Officiers qu'il appartiendra, & à qui ce pourra toucher, estre tenus quittes respectiuement de la valeur desdictes choses par lesdicts gens de nos Comptes, & par tout ailleurs où il appartiendra & besoin sera, sans difficulté, nonobstant les ordonnances par nos predecesseurs & nous faictes sur le faict & alienation du Domaine de nostre Couronne, ausquelles attendu que ledict delais se faict pour l'Apanage de nostredict Frere & causes si fauorables que les dessusdicts, Nous auons entant que besoin seroit derogé & derogeons pour ce regard, & sans y preiudicier en autres choses par ces presentes, & à quelconques autres ordonnances, restrictions, mandemens ou deffences à ce contraires. Et pour ce que des presentes l'on pourra auoir affaire en plusieurs & diuers lieux, nous voulons qu'au Vidimus d'icelles faict sous seel Royal ou deuëment collationné par l'vn de nos amez & feaux Notaires & Secretaires, foy soit adioustée comme à ce present original, auquel à fin que ce soit chose ferme & stable à tousiours, nous auons faict mettre nostre seel. DONNE à Nantes au mois de Iuillet l'an de grace mil six cens vingt six, & de nostre regne le dix septiesme. Signé, LOVIS, & plus bas par le Roy, DE LOMENIE, & à costé est escript, VISA, & seellé du grand seau de cire verte en lacqs de soye rouge & verte. Et sur le reply est escrit:

Leües, publiées, & regiſtrées, ouy, ce requerant, conſentant & acceptant le Procureur General du Roy, pour eſtre executées ſelon leur forme & teneur: A la charge d'vſer des Bois de haute fuſtaye deppendants des lieux mentionnez eſdictes Lettres ſuyuant les ordonnances. A Paris en Parlement, le quatorzieſme iour de Decembre mil ſix cens vingt-ſix.

Signé,   DV TILLET.

Plus à costé est escrit:

Leües, publiées & regiſtrées en la Chambre des Comptes, ce reque-rant, conſentant & acceptant le Procureur General du Roy, pour les Duché d'Orleans, & Comté de Blois, aux charges mentionnees en l'Ar-reſt de ce iour troiſieſme Mars, mil ſix cens vingt-ſept.

Signé,   **BOVRLON.**

Et ſur ledict reply est encore eſcrit:

Leuées, publiées & regiſtrées, Ouy, ce conſentant, requerant & ac-ceptant le Procureur General du Roy, en icelle, pour eſtre executées ſelon leur forme & teneur, à la charge de diſpoſer des Offices reſſortiſſans en la-dite Cour en la forme & maniere qu'il peut pouruoir aux autres, ſelon & ainſi qu'il eſt porté par leſdictes Lettres d'Apanage. Faict à Paris en la Cour des Aydes le vingt-ſixieſme iour de Mars mil ſix cens vingt-ſept.

Signé,   **DELAISTRE.**

DECLARATION DV

DV ROY, PAR LAQVELLE SA
Majesté a octroyé à Monsieur son Frere Vnique la
nomination aux Benefices, & aux Offices &
Commissions extraordinaires dans les terres de
son Apanage.

OVIS PAR LA GRACE DE
Dieu, Roy de France et de
Navarre, A tous ceux qui ces presentes
lettres verront salut. Encores que par les
lettres de don que nous auons faict ce iour-
d'huy expedier à nostre tres cher & tres-
amé Frere Vnique le Duc d'Orleans, des
Duchez dudict Orleans & de Chartres &
Comté de Blois pour son Apanage & en-
tretien, & de ses successeurs masles descendans de luy en loyal
mariage, nous luy ayons aussi accordé & delaissé & à lesdicts successeurs masles les patronages des Eglises & collations des Benefices d'icelles, auec la prouision à tous les offices dependans du
Domaine desdicts Duchez & Comté, nous reseruant celles des
Iuges des Exempts, & des Presidens Conseillers & autres Officiers des sieges Presidiaux establis és villes de sondict Apanage,
semblablement des Offices dependans des Aydes, Tailles & Gabelles, & autres Offices extraordinaires, ainsi qu'il est plus à plain
porté par lesdictes lettres : neantmoins considerant les vertus de
nostredict Frere, la grande amitié que luy portons, l'honneur &
le respect qu'il nous rend, & le voulant gratifier & fauoriser en
tout ce qui nous sera possible, à iceluy nostredict Frere, Pour ces
causes & autres bonnes & grandes considerations à ce nous mou-

uans, auons de grace fpeciale, pleine puiſſance & authorité
Royale, permis, accordé & octroyé, permettons, accordons &
octroyons par ces preſentes ſignées de noſtre main qu'il puiſſe &
luy ſoit loyſible ſa vie durant, à commencer du iour qu'il entrera
en poſſeſſion de ſondict Apanage, de nous nommer & preſenter
tant aux Abbayes, Pricurez, & tous autres Benefices Conſiſto-
riaux, excepté aux Eueſchez que nous nous ſommes reſeruez, ſur
leſquelles nominations nous ferons expedier les noſtres à noſtre
Sainct Pere le Pape, qu'auſdicts offices & commiſſions deſdicts
Iuges des Exempts, Preſidens, Conſeillers & autres Offices des
ſieges Preſidiaux eſtablis dans les terres de ſondict Apanage, &
meſmes aux Offices & Commiſſions dependans de nos Aydes,
Tailles, Gabelles, & autres extraordinaires, tels, bons & ſuffi-
ſans perſonnages qu'il aduiſera & bon luy ſemblera, à laquelle
nomination de noſtredict Frere, il ſera par nous & nos ſucceſſeurs pourueu ou commis ſuyuant nos Ordonnances. Et ſi par in-
aduertance & importunité des requerans il eſtoit autrement
pourueu qu'à ſadicte nomination, nous auons dés à preſent comme pour lors reuoqué, caſſé & annullé leſdictes prouiſions, nominations, ou commiſſions par ces preſentes, ſans toutefois que
noſtredict Frere puiſſe nommer aux Eſtats de Preuoſts des Mareſchaux, leurs Lieutenans, Greffiers & Archers que nous auons
reſerué à noſtre plaine & entiere diſpoſition Si Donnons
en mandement à nos amez & feaux Conſeillers les Gens
tenants noſtre Cour de Parlement, Chambre des Comptes, &
Cour des Aydes à Paris, Treſoriers de France & Generaux de nos
Finances eſtablis à Paris, & Orleans, Baillifs d'Orleans, Chartres, & Blois, ou leurs Lieutenans, & à tous autres nos Iuſticiers,
Officiers, & à chacun d'eux endroict ſoy & comme à luy appartiendra, que de nos preſentes grace, permiſſion & octroy, ils facent & laiſſent noſtredict Frere ioüyr & vſer plainement & paiſi-
blement, ſans en celuy faire, mettre ou donner, ny ſouffrir luy
eſtre faict, mis, ou donné aucun trouble ou empeſchement, au
contraire ſi faict mis ou donné luy eſtoit, facent incontinent le
tout reparer & mettre en plaine & entiere deliurance, & au premier eſtat & deu. En teſmoin de ce nous auons faict mettre noſtre ſeel à ceſdictes preſentes. Donne à Nantes le dernier Iuillet l'an de grace mil ſix cens vingt-ſix, & de noſtre regne le dix-
ſeptieſme. Signé, LOVIS. Et ſur le reply, Par le Roy, de

LOMENIE, Et à costé est escript, VISA, & seelleé du grand sceau de cire verte en lacs de soye rouge & verte. Et sur le reply est escrit:

Leües, publiées & regiſtrees, Ouy, ce requerant, conſentant & acceptant le Procureur General du Roy, Pour eſtre executées ſelon leur forme & teneur : A la charge d'vſer des bois de haute fuſtaye deppendans des lieux mentionnez éſdictes Lettres ſuyuant les ordonnances. A Paris, en Parlement le quatorzieſme iour de Decembre mil ſix cens vingt-ſix.

Signé,   DV TILLET.

Plus à costé est escrit:

Leües, publiées & regiſtrées en la Chambre des Comptes, Ouy, ce requerant, conſentant & acceptant le Procureur General du Roy, pour les Duché d'Orleans, & Comté de Blois, aux charges mentionnées en l'Arreſt de ce iour ſixieſme Mars mil ſix cens vingt-ſept.

Signé,   BOVRLON.

Et plus bas est encore escrit:

Leuées, publiées & regiſtrées, Ouy, ce conſentant, requerant & acceptant le Procureur General du Roy, en icelle, pour eſtre executées ſelon leur forme & teneur, à la charge de diſpoſer des Offices reſſortiſſans en ladicte Cour en la forme & maniere qu'il peut pouruoir aux autres, ſelon & ainſi qu'il eſt porté par leſdictes Lettres d'Apanage. Faict à Paris en la Cour des Aydes le vingt-ſixieſme iour de Mars mil ſix cens vingt-ſept.

Signé,   DE LAISTRE,

EXTRAICT DES RE-
giſtres de Parlement.

VEV PAR LA COVR, LES GRAND Chambre, Tournelle, & de l'Edict aſſemblées, les lettres patentes du Roy données à Nantes au mois de Iuillet de la preſente année, Signées, LOVIS, Et plus bas, Par le Roy, DE LOMENIE, Et ſeellees du grand ſeel de cire verte en lacqs de ſoye, Par leſquelles & pour les cauſes y contenuës ledict Seigneur donne, octroye & delaiſſe à Monſieur ſon Frere vnique & à ſes enfans maſles deſcendans de luy en loyal mariage pour leur Apanage & entretenement, les Duchez d'Orleans & Chartres, & Comté de Blois ainſi qu'ils ſe comportent, eſtendent & conſiſtent de toutes parts, tant en Villes, Citez, Chaſteaux, Chaſtellenies, Places, Maiſons, For-tereſſes, fruicts, profits, cens, rentes, reuenus, émolumens, Hommes, Hommaſſes, Vaſſaux, Vaſſelages, & Subiects, Bois, Foreſts, Eſtangs, Riuieres, Fours, Moulins, Prez, Paſturages, Fiefs, Arriere-fiefs, Iuſtices, Iuriſdictions, Patronages d'Egli-ſes, Collations des Benefices, Aubenages, forfaictures, confiſ-cations & amendes, quints, & requints, lots, ventes, profits de fief, & tous autres droicts & deuoirs quelſconques qui appar-tiennent audict Seigneur Roy eſdictes Duchez & Comté, & à cauſe d'iceux, & ce iuſques à la concurrence de la ſomme de cent mille liures tournois de reuenu par chacun an, pour en iouyr & vſer ainſi & comme plus au long le contiennent leſdictes lettres. Autres lettres patentes du dernier iour dudict mois de Iuillet, ſi-gnées & ſeellées, par leſquelles ledict Seigneur permet, accor-de & octroye à mondit Sieur ſon Erere vnique, qu'il puiſſe & luy ſoit loyſible ſa vie durant de nommer & preſenter aux Benefices, Offices & commiſſions des Iuges & autres Officiers des ſieges

Prefidiaux eftablis dans les terres de fondit Apanage, aux conditions, exceptions, & referuations y contenuës. Conclufions du Procureur General du Roy, & la matiere mife en deliberation. LADITE COVR à ordonné & ordonné que lefdites lettres feront leuës, publiées & regiftrées és Regiftres d'icelles, ouy & ce confentant le Procureur General du Roy, à la charge que les droicts d'Aubeines en ce qui concerne les biens des eftrangers venans demeurer en ce Royaume, pour y acquerir biens, & aufquels il eft befoin de lettres de naturalité, font & demeurent referuez au Roy, comme eftant droict particulier de fa Couronne, & à luy feul appartenant. Pour le regard des bois de haute fuftaye depẽdans des lieux delaiffez par lefdites lettres, qu'iceluy Sieur Frere vnique du Roy n'en pourra demolir, abbatre, ny vfer, finon comme vn bon pere de famille, pour l'entretenement & reparation des edifices & Chafteaux. Que la nomination des Offices des Prefidens & Iuges Prefidiaux, iugeans en dernier reffort & fans appel, demeurera au Roy en figne de Souueraineté: fans approbation neantmoins que les Offices dont eft faict mention pour lefdites lettres fe puiffent bailler par forme de commiffion, & que l'eualüation du reuenu defdites Duchez & Comté fe fera par ordonnance de ladite Cour. Faict en Parlement le ving t-feptiefme iour d'Aouft mil fix cens vingt-fix.

LETTRES PATENTES

DE IVSSION A LA COVR DE VErifier lefdictes lettres d'Apanage, & Declaration cy deffus purement & fimplement.

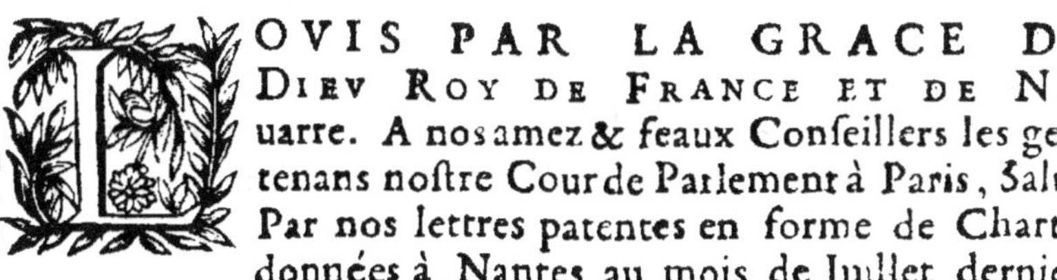

LOVIS PAR LA GRACE DE DIEV ROY DE FRANCE ET DE NAuarre. A nos amez & feaux Confeillers les gens tenans noftre Cour de Parlement à Paris, Salut. Par nos lettres patentes en forme de Chartre données à Nantes au mois de Iuillet dernier, nous auons donné & delaiffé par Apanage à noftre tres-cher &

tres-amé Frere vnique le Duc d'Orleans, les Duchez d'Orleans & de Chartres, auec la Comté de Blois ; pour en iouyr par luy & ſes ſucceſſeurs maſles deſcendans en loyal mariage en tous droits, prerogatiues, preeminences, ainſi qu'il eſt contenu par nos let-tres : & par autres lettres de declaration du dernier dudit mois, Nous auons auſſi accordé à noſtredict Frere, outre le contenu audit Apanage, la nomination ſa vie durant, aux Offices extra-ordinaires de nos Aydes, Tailles, Gabelles dependans dudict Apanage, & ſpecialement la nomination auſdicts Offices de Preſidens, Lieutenans, Conſeillers & autres Officiers des ſieges Preſidiaux eſtablis és terres dudict Apanage : Ce que nous auons accordé à noſtredict Frere, en conformité des autres Apanages des enfans de France, & ſpecialement à celuy feu Duc d'Orleans fils du Roy François premier de l'an mil cinq cens quarante, ve-rifié au mois d'Aouſt de la meſme année, & à ceux donnez & octroyez aux feuz Ducs d'Anjou & d'Alençon, nos tres-honorez Seigneurs & Oncles, és années mil cinq cens ſoixante & ſeize, par vous verifiez és meſmes années, Et bien que leſdicts Apana-ges ayent eſté regiſtrez & publiez purement & ſimplement, & ſans aucune reſtriction & modification, toutesfois n'eſtant par vous memoratifs deſdites verifications pures & ſimples, vous a-uez en procedant à celle deſdites Lettres d'Apanage & Declara-tion de noſtredit Frere, apporté reſtriction tant pour les droicts d'Aubeines & Bois de haute fuſtaye, que pour la nomination deſdits Offices de Preſidens, Lieutenans & Conſeillers des Pre-ſidiaux dependans dudit Apanage. Et d'autant que noſtre volon-té & intention à touſiours eſté & eſt qu'il ſoit procedé prompte-ment & ſans aucune reſtriction à la verification deſdites Lettres d'Apanage & Declaration par nous accordées à noſtredit Frere. A CES CAVSES, nous conſiderans les vertus de noſtredict Frere, la grande amitié que luy portons, l'honneur & le reſpect qu'il nous rend, & le voulant fauoriſer & gratifier en tout ce qu'il nous ſera poſſible, & ne iugeans raiſonnable qu'il aye moins de droicts, prerogatiues & preeminences que leſdits Ducs d'Or-leans, d'Anjou & d'Alençon & autres enfans de France, & pour autres cauſes & conſiderations à ce nous mouuans. Vous man-dons, & tres expreſſement enjoignons par ces preſentes ſignées de noſtre main, que vous ayez inceſſamment & comme pour nos propres affaires à proceder à la verification deſdites Lettres d'A-

panage

panage & Declaration purement & simplement sans aucune re-
striction & modification, lesquelles de grace speciale, plaine
puissance & auctorité Royale, Nous auons leuées & ostées, leuons & ostons par cesdites presentes que voulons vous seruir de
derniere & finale Iussion, nonobstant vostredit Arrest de modification, Edicts, Ordonnances, & toutes autres choses à ce contraires, ausquelles, & aux derogatoires des derogatoires, nous
auons derogé & derogeons de nos mesmes graces & authorité
que dessus. CAR tel est nostre plaisir. DONNE à sainct Germain en Laye le septiesme iour de Nouembre l'an de grace mil six
cens vingt-six. Et de nostre regne le dix-septiesme. Et sur le reply
desdites Lettres est escrit.

ARREST DE
RAPPORT AV CONSEIL DV
Parlement sur la Verification dudict Apanage.

EXTRAICT DES REGISTRES
de Parlement.

EV PAR LA COVR, les grand Chambre,
Tournelle & de l'Edict assemblées, Les Lettres Patentes du Roy données à Nantes au mois de Iuillet
de la presente année, Signées LOVIS, Et plus bas.
Par le Roy, DE LOMENIE. Et scellées du grand
seel de cire verte en lacs de soye, Par lesquelles, & pour les causes y contenuës ledit Seigneur donne, octroye & delaisse, à Monsieur son Frere vnique & à ses enfans masles descendans de luy en
loyal mariage, pour leur Apanage & entretenement, les Duchez
d'Orleans & Chartres, & Comté de Blois, ainsi qu'ils se comportent, estendent & consistent de toutes parts, tant en Villes,
Citez, Chasteaux, Chastellenies, places, Maisons Forteresses,
fruicts, profits, cens, rentes, reuenus, esmolumens, Hommes,

Hommaſſes, Vaſſaux Vaſſelages & Subjects, Bois, Forests, E-
ſtangs, Riuieres, Fours, Moulins, Prez, Paſturages, Fiefs, Arriere-fiefs, Iuſtices, Iuriſdictions, Patronages d'Egliſes, Collations des Benefices, Aubenages, forfaictures, confiſcations &
amendes, Quints, Requints, lots, ventes, proffiets de Fiefs &
tous autres droicts & deuoirs quelsconques qui appartiennent
audit Seigneur Roy eſdites Duchez & Comté, & à cauſe d'iceux
& ce iuſques à la concurrence de la ſomme de cent mil liures
tournois de reuenu par chacun an, pour en iouyr & vſer ainſi &
comme plus au long contiennent leſdites Lettres. Autres Lettres patentes du dernier iour dudit mois de iuillet ſignées & ſeelleés. Par leſquelles ledit Seigneur permet, accorde, & octroye à
Mondict Sieur ſon Frere vnique qu'il puiſſe & luy ſoit loiſible ſa
vie durant, de nommer & preſenter aux Benefices, Offices, &
Commiſſions des Iuges & autres Officiers des ſieges Preſidiaux
eſtablis dans les terres deſondit Apanage, aux conditions, exceptions & reſeruations y contenuës. Concluſions du Procureur
General du Roy, Arreſt du vingt-ſeptieſme Aouſt ſix cens vingt-
ſix, Par lequel auroit eſté ordonné que leſdites Lettres ſeroient
leües, publiées & regiſtrées, ouy & ce conſentant le Procureur
General du Roy, A la charge que les droicts d'Aubeines en ce
qui concerne les biens des Eſtrangers venans demeurer en ce
Royaume pour y acquerir biens, & auſquels il eſt beſoin de lettres de naturalité, ſeroient & demeureroient reſeruez au Roy,
comme eſtant droict particulier de ſa Couronne & à luy ſeul appartenant, pour le regard des Bois de haute fuſtaye dependans
des lieux delaiſſez par leſdites lettres, qu'iceluy Sieur Frere vnique du Roy n'en pourroit deſmolir, abbattre ny vſer, ſinon comme vn bon pere de famille, pour l'entretenement & reparation
des edifices & Chaſteaux, & que la nomination des Offices des
Preſidens & Iuges Preſidiaux iugeans en dernier reſſort & ſans
appel, demeureroit au Roy en ſigne de Souueraineté: ſans approbation neantmoins que les Offices dont eſt faict mention par
leſdites lettres ſe peuſſent bailler par forme de Commiſſion, &
que l'eualuation du reuenu deſdites Duchez & Comté ſe feroit
par ordonnance de ladicte Cour. Autres Lettres patentes dudit
Seigneur Roy, données à ſainct Germain en Laye le ſeptieſme
Nouembre dernier, ſignées LOVIS, Et plus bas, Par le Roy,
DE LOMENIE, Et ſeellées du grand ſeel de cire iaune, Parleſ-

quelles eft mandé à ladicte Cour, proceder inceffamment à la
verification des fufdictes lettres d'Apanage ; & Declaration en
faueur dudict Sieur Frere vnique du Roy, & ce purement & fimplement fans aucune reftrinction & modification. Lefquelles ledit
Seigneur leue & ofte nonobftant le fufdit Arreft, Edicts, Ordonnances & toutes autres chofes à ce contraires. Requefte prefen-
tee à la Cour, par Maiftre Nicolas de Flecelles Controolleur
General des Gabelles de Normandie, ayant le droict ceddé du
fieur Duc de Nemours: A ce que faifant droict fur l'oppofition
par luy formée au Greffe de ladicte Cour par acte du deuxiefme
de ce mois, il fuft ordonné que la verification des fufdites lettres
feroit à la charge de l'entretenement & execution du contract
d'engagement à luy faict des parties cafuelles dudit Duché de
Chartres par ledit fieur Duc de Nemours, datté du vingtiefme
iour de Iuillet fix cens vingt-vn. Conclufions du Procureur General du Roy, & la matiere mife en deliberation. LA COVR
fans s'arrefter à l'oppofition dudit Flecelles, pour laquelle il fe
pouruoira contre le Duc de Nemours, a ordonné & ordonne que
lefdites lettres feront leües, publiées & regiftrées és regiftres d'i-
celle: Oüy & ce confentant le Procureur General du Roy pour e-
ftre executees felõ leur forme & teneur: A la charge d'vfer des bois
de haute fuftaye, dependants des lieux mentionnez efdites lettres fuiuant les ordonnances. FAICT en Parlement le feptief-
me iour de Decembre mil fix cens vingt fix.

ARREST DE VERI-
FICATION PVRE ET SIM-
ple, fuiuant la Iuffion.

E iour apres que iudiciairement lecture a efté faicte
des lettres patentes du Roy données à Nantes au
mois de Iuillet dernier, fignées LOVIS, Et plus bas,
Par le Roy, DE LOMENIE, Et feellées du grand
feel de cire verte en lacs de foye, Par lefquelles &
pour les caufes y contenuës, ledit Seigneur donne,

octroyé & delaiſſé à Monſieur ſon Frere vnique & ſes enfans maſles deſcendans de luy en loyal mariage, pour leur Apanage & entretenement les Duchez d'Orleans & Chartres, & Comté de
Blois, ainſi qu'ils ſe comportent, eſtendent & conſiſtent de toutes parts, tant en Villes, Citez, Chaſteaux, Chaſtellenies, places, Maiſons, Fortereſſes, fruicts, proffits, cens, rentes, reuenus, emolumens, Hommes, Hommaſſes, Vaſſaux & Sujects,
Bois, Foreſts, Eſtangs, Riuieres, Fours, Moulins, Prez, paſturages, Fiefs, Iuſtices, Iuriſdictions, patronages d'Egliſes, Collations des Benefices, Aubeinages, forfaictures, conſications &
amendes, quints, & requints, lors, ventes, profits de Fiefs, &
tous autres droicts & deuoirs qui appartiennent audit Seigneur
Roy, eſdites Duchez & Comté, & à cauſe d'iceux, & ce iuſques
à la concurrence de la ſomme de cent mil liures tournois de reuenu par chacun an, pour en iouyr & vſer ainſi, & comme plus au
long le contiennent leſdites lettres: auec autres lettres patentes
du dernier iour dudit mois de Iuillet, par leſquelles ledit Seigneur permet, accorde & octroye à mondit Sieur ſon Frere vni-
que qu'il puiſſe | &|luy ſoit loiſible ſa vie durant de nommer
mer & preſenter aux Benefices, Offices & Commiſſions des Iuges & autres Officiers des ſieges Preſidiaux eſtablis dans les terres
de ſondit Apanage, aux conditions, exceptions & reſeruations y
contenuës. AVTRES lettres patentes du ſeptieſme Nouembre
dernier, Par leſquelles eſt mandé à ladite Cour proceder inceſſamment à la verification des ſuſdites lettres. Et que Talon pour
le Procureur General du Roy a requis que ſur le reply deſdites
lettres ſoit mis qu'elles ont eſté leuës, publiées & regiſtrées, eux
ce conſentant, requerant & acceptant. LA COVR a ordonné
& ordône que ſur le reply deſdites lettres ſera mis, leuës, publiées
& regiſtrées, ouy ce conſentant, requerãt & acceptant le Procureur General du Roy, pour eſtre executées ſelon leur forme &
teneur, à la charge d'vſer des bois de haute fuſtaye dependans des
lieux mentionnez eſdites lettres ſuiuant les ordonnances. FAIT
en Parlement le quatorzieſme iour de Decembre, mil ſix cens
vingt ſix.

ARREST DE VE-
RIFICATION DE LA CHAM-
bre des Comptes.

EV PAR LA CHAMBRE LES LET-
TRES PATENTES DV ROY, données à Nantes
au mois de Iuillet mil six cens vingt-six, Signées,
LOVIS, Et plus bas, Par le Roy, DE LOMENIE.
Et seellées sur lacs de soye du grand seel de cire
verte: Par lesquelles & pour les causes y contenuës, SA MA-
IESTE à donné & delaissé à Monsieur son Frere vnique & à ses
enfans masles descendans de luy en loyal mariage, pour leur A-
panage & entretenement selon l'ancienne nature des Apanages
de la Maison de France & loy du Royaume gardée en iceluy, les
Duchez d'Orleans, & de Chartres, & Comté de Blois, ainsi
qu'ils se comportent, estendent & consistent de toutes parts,
tant en Villes, Citez, Chasteaux, Chastellenies, Places, Maisons, Forteresses, fruicts, proffits, cens, rentes, reuenus, esmolumens, Hommes, Hommasses, Vassaux Vasselages & Sujects,
Bois, Forests, Estangs, riuieres, Foires, Moulins, prez, Pasturages, Fiefs, Arriere fiefs, Iustices, Iurisdictions, patronages d'E-
glises, Collations des Benefices, Aubenages, forfaictures, quints,
requints, lots, ventes, proffits de Fiefs & tous autres droicts &
deuoirs quelsconques qui appartiennent à sadite Majesté esdites
Duchez & Comté, iusques à la concurrence de la somme de cent
mil liures de reuenu par an, pour en iouyr & vser ainsi qu'il est
plus au long contenu par lesdites lettres. Autres lettres patentes
du dernier iour dudict mois de Iuillet mil six cens vingt six, signées LOVIS, Et sur le reply, Par le Roy, DE LOMENIE.
Par lesquelles pour les causes aussi y contenuës. SA MAIESTE
accorde & octroye à mondit Sieur son Frere vnique, qu'il puisse
sa vie durant, à commencer du iour qu'il entrera en possession de

ſon Apanage, nommer & preſenter aux Benefices, Offices &
Commiſſions des Iuges & autres Officiers des ſieges Preſidiaux
eſtablis dans les terres de ſondit Apanage, aux conditions, exceptions, & reſeruations y contenuës. Arreſt de la Cour de Parlement ſur la verification deſdites lettres du ſeptieſme Decembre
audit an ſix cens vingt ſix, Par lequel ſans s'arreſter à l'oppoſition
de maiſtre Nicolas de Fleccelles Controolleur General des Gabelles de Normandie, ayant le droict ceddé du ſieur Duc de Nemours, pour laquelle il ſe pouruoira contre iceluy ſieur de Nemours, elle auroit ordonné que leſdites lettres ſeroient leuës, publiées & regiſtrées, ce conſentant le Procureur General du Roy,
pour eſtre executées ſelon leur forme & teneur, à la charge d'vſer
des Bois de haute fuſtaye dependans deditslieux ſuiuant l'ordonnance. Requeſtes preſentées par Meſſire Henry de Sauoye Duc
de Geneuois & de Nemours, Marie Daubray Dame & Baronne
de Bruyeres le Chaſtel, veufue de feu Meſſire Louis le Cirier, viuant Cheualier ſieur de Neufchelles, tutrice & ayant la garde no-
ble des enfans dudict deffunct & d'elle: Ledit Maiſtre Nicolas
de Flecelles Controolleur General des rentes aſſignées ſur les
Greniers à ſel de Normandie, Charles Paſtey ſieur de Courgey,
Iean Paſtey ſieur de Chaſtigney, & Meſſire Iean de Berulles Con-
ſeiller du Roy & Maiſtre des Requeſtes Ordinaires de ſon Ho-
ſtel. Arreſts ſur icelles par leſquelles acte leur auroit eſté
donné de leur oppoſition à la verification deſdites Lettres. Cauſes d'oppoſition fournies par leſdicts ſieur Duc de Nemours & de
Flecelles. Autres lettres patentes du Roy données à Paris le dix-
ſeptieſme Ianuier dernier, ſignées comme les precedentes, contenant mandement à la Chambre, que ſans auoir eſgard auſdites
oppoſitions elle ait ſans aucun delay à verifier leſdites precedentes purement & ſimplement ſans aucune reſtrinction, reſeruant la
cognoiſſance de toutes leſdites oppoſiti5s à ſadite Majeſté en ſon
Cõſeil pour leur eſtre pourueu. Arreſt de ladite Chãbre du vingt-
cinquieſme Feurier dernier, par lequel elle auroit ordõné que dãs
le lẽdemain pour tous delais, leſdits veufue de Neufchelles, Charles & Iean Paſtey, & ledit de Berulles oppoſans fourniroient
leurs cauſes d'oppoſition, ALIAS ſeroit faict droict, Significa-
tion d'iceluy à leurs Procureurs leſdits iour & an. Autres cauſes
d'oppoſition fournies par les creanciers dudit ſieur Duc de Nemours, ſignifiées au Procureur General du Roy le vingt-ſeptieſ-

me iour defdits mois & an. Le contract de delaiffement faict à fa
Maiefté dudit Duché de Chartres du vingt-fixiefme Aouft mil
fix cens vingt-trois, & Arreft de verification d'iceluy en ladite
Chambre du vnziefme Apuril mil fix cens vingt-cinq. Conclufions du Procureur General du Roy ; Et tout confideré. La
Chambre à ordonné & ordonne lefdites lettres eftre leües,
publiées & regiftrées, ouy, & ce requerant, confentant & acceptant le Procureur General du Roy, pour le Duché d'Orleans,
& Comté de Blois, à la charge d'en faire par ledit Seigneur Duc,
les foy & hommages à fa Maiefté ainfi qu'il eft accouftumé auant
qu'entrer en la iouyffance d'iceux, & d'en enuoyer l'acte en ladite Chambre, aux charges portées par icelles, & d'vfer des bois de
haute fuftaye en dependans fuiuant les ordonnances: & qu'auant
qu'il puiffe iouyr du reuenu defdits Duchez & Comté, il fera
par ladite Chambre procedé à l'eualuation d'iceux. Et pour ce
qui concerne le Duché de Chartres, faifant droict fur les oppofitions formées par ledit fieur Duc de Nemours & fes creanciers;
Apres qu'il fera apparu à ladite Chambre qu'il aura efté payé &
fatisfaict de la fomme portée par le contract de delaiffement à fa
Maiefté du vingt fixiefme iour d'Aouft mil fix cens vingt-trois,
fuiuant l'Arreft d'icelle du vingtiefme Auril mil fix cens vingt-
cinq, fera faict ce que de raifon. Et pour le regard des lettres de
nomination aux Offices extraordinaires defdits Duchez & Comté: Ordonne auffi ladite Chambre qu'elles feront leües, publiées
& regiftrées pour en iouyr par iceluy Seigneur Duc fa vie durant,
à la referuation toutesfois des Offices de Threforiers de France,
& Generaux des Finances, Receueurs & Controolleurs Generaux, & autres Officiers du Bureau. Faict les deux Bureaux
affemblez le troifiefme iour de Mars mil fix cens vingt-fept.

EXTRAICT DES REGISTES
de la Chambre des Comptes.

LETTRES PA
TENTES ADDRESSANTE A

ladite Chambre, portant Iuſſion & mandement
de verifier leſdites lettres d'Apanage & Declaration purement & ſimplement, & nonobſtant les
oppoſitions mentionnées en l'Arreſt precedent.

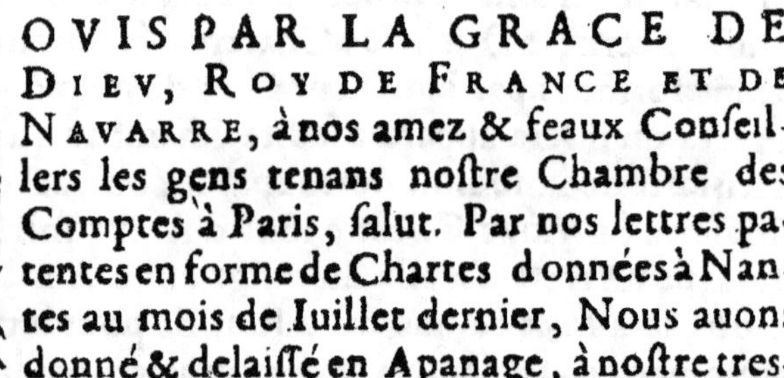

OVIS PAR LA GRACE DE
DIEV, ROY DE FRANCE ET DE
NAVARRE, à nos amez & feaux Conſeillers les gens tenans noſtre Chambre des
Comptes à Paris, ſalut. Par nos lettres patentes en forme de Chartes données à Nantes au mois de Iuillet dernier, Nous auons
donné & delaiſſé en Apanage, à noſtre tres-
cher & tres-amé Frere vnique le Duc d'Orleans, les Duchez
d'Orleans & de Chartres, auec le Comté de Blois, pour en iouyr
par luy & ſes ſucceſſeurs maſles deſcendans en loyal mariage en
tous droicts, prerogatiues, preeminences, ainſi qu'il eſt contenu
par noſdites lettres. Et par autres lettres de Declaration du dernier dudit mois, Nous auons auſſi accordé à noſtredit Frere outre le contenu audit Apanage, la nomination ſa vie durant aux
Offices extrordinaires de nos Aydes, Tailles, Gabelles, dependans dudit Apanage, ſans aucuns excepter, fors & excepté aux
Offices & Eſtats de Preuoſts des Mareſchaux, leurs Lieutenans,
Greffiers & Archers que nous aurions reſeruez à noſtre plene &
entiere diſpoſition. Et par autres nos lettres de Declaration du
dix-ſeptieſme iour de Ianuier dernier, Nous vous aurions ordonné que ſans vous arreſter aux oppoſitions qui pourroient in-
teruenir ſur leſdites lettres d'Apanages, Vous euſſiez à paſſer outre à la verification d'icelles purement & ſimplement, ſans aucune

ne reftrinction ny modification, referuant à nous & à noftre
Confeil la cognoiffance & iurifdiction defdites oppofitions, pour
y eftre par nous pouruett ainfi qu'il appartiendroit. Toutesfois en
procedant par vous à la verification defdites lettres d'Apanage &
Declaration de noftredit Frere, entre autres charges & conditions portées par voftre Arreft cy attaché foubs noftre contre-
feel, vous feriez entrez en cognoiffance des oppofitions formées
par noftre Coufin le Duc de Nemours & fes creanciers, en ce qui
concerne lefdits Duché de Chartres, & auriez differé ladite verification iufques à ce qu'il vous apparuft du remboursement de la
fomme portée par le contract de delaiffement à nous faict par noftredit Coufin dudit Duché de Chartres du vingt-fixiefme d'A-
ouft mil fix cens vingt-trois, mefmes auriez apporté reftriction
pour le regard des lettres de nomination aux Offices extraordinaires, & d'iceux excepté & referué ceux des Threforiers de
France & Generaux de nos Finances, Receueurs & Controolleurs Generaux, & autres Officiers du Bureau. Et d'autant que
noftre volonté & intention a toufiours efté & eft, qu'il foit procedé promptement fans aucune reftrinction à la verification defdites lettres d'Apanage & Declaration par nous accordée à noftredit Frere, & qu'il iouyffe de l'effect & contenu en icelles plainement & paifiblement. A CES CAVSES, Nous confiderans
les vertus de noftredit Frere, la grande amitié que luy portons,
l'honneur, & le refpect qu'il nous rend, & le voulant fauorifer &
gratifier en tout ce qui nous fera poffible. VOVS MANDONS &
tres expreffement enioignons par ces prefentes, fignées de noftre main, que fans vous arrefter aux fufdites oppofitions, def-
quelles nous nous fommes comme dict eft, referué la cognoiffance & iurifdiction & à noftre Confeil, & icelle de nouueau à vous
interdite & defenduë, interdifons & defendons par ces prefentes,
vous ayez inceffamment & comme pour nos propres affaies,
à proceder à la verification defdites lettres d'Apanage & Declaration purement & fimplement, fans aucune reftriction & modification, lefquelles de grace fpeciale, plaine puiffance & auctorité Royale, Nous auons leuées & oftées, leuons & oftons
par cefdites prefentes que voulons vous feruir de derniere &
finale Iuffion, nonobftant voftredit Arreft de modification,
Edicts, Ordonnances, & toutes autres chofes à ce contraires,
aufquelles, & aux derogatoires des derogatoires, nous auons

D

derogé & derogeons de nos mesmes graces & authorité que deſſus. CAR tel eſt noſtre plaiſir. DONNE à Paris, le huiⲥtieſme iour de Mars, l'an de grace mil ſix cens vingt-ſept. Et de noſtre regne le dix-ſeptieſme. Et ſur le reply deſdites Lettres eſt eſcrit.

Regiſtrées en la Chambre des Comptes, ouy, ce requerant, conſentant, & acceptant le Procureur General du Roy, ſuiuant l'Arreſt de ce. Faict le quinzieſme iour de Mars mil ſix cens vingt ſept.

ARREST DE
LA CHAMBRE DES COM-
ptes, par lequel les modifications appoſées en l'Arreſt precedent ſont leuées.

VEV PAR LA CHAMBRE LES LET-
TRES PATENTES DV ROY, données à Nantes au mois de Iuillet mil ſix cens vingt-ſix, Signées, LOVIS, Et plus bas, Par le Roy, DE LOMENIE. Et ſeellées ſur lacs de ſoye du grand ſeel de cire verte: Par leſquelles & pour les cauſes y contenuës, SA MA-IESTE a donné & delaiſſé à Monſieur ſon Frere vnique & à ſes enfans maſles deſcendans de luy en loyal mariage, pour leur Apanage & entretenement ſelon l'ancienne nature des Apanages de la Maiſon de France & loy du Royaume gardée en iceluy, les Duchez d'Orleans, & de Chartres, & Comté de Blois, ainſi qu'ils ſe comportent, eſtendent & conſiſtent de toutes parts, tant en Villes, Citez, Chaſteaux, Chaſtellenies, Places, Mai-ſons, Fortereſſes, fruicts, proffits, cens, rentes, reuenus, eſmo-lumens, Hommes, Hommaſſes, Vaſſaux Vaſſelages & Suiects, Bois, Foreſts, Eſtangs, riuieres, Fours, Moulins, prez, Paſtura-

ges, Fiefs, Arriere-fiefs, Iuſtices, Iuriſdictions, patronages d'E-
gliſes, Collations des Benefices, Aubenages, forfaictures, confiſ-
cations & amendes, quints, requints, lots, ventes, proffits de
Fiefs & tous autres droits & deuoirs quelſconques qui appartiennent à ſadite Majeſté eſdites Duchez & Comté, iuſques à la concurrence de cent mil liures de reuenu par an, pour en iouyr & vſer
ainſi que plus au long le contiennent leſdites lettres. Autres lettres patétes du dernier iour dudit mois de Iuillet mil ſix cés vingt-
ſix, ſignées LOVIS, Et ſur le reply, Par le Roy, DE LOMENIE.
par leſquelles & pour les cauſes y contenuës. SA MAIESTE
accorde & octroye à mondit Sieur ſon Frere vnique, qu'il puiſſe
ſa vie durant, à commencer du iour qu'il entrera en poſſeſſion de
ſon Apanage, nommer & preſenter aux Benefices, Offices &
Commiſſions des Iuges & autres Officiers des ſieges Preſidiaux
eſtablis dans les terres de ſondit Apanage, aux conditions, exceptions, & reſeruations y contenuës. Arreſt de la Cour de Parlement ſur la verification deſdites lettres du ſeptieſme Decembre
enſuiuant audit an, Par lequel ſans s'arreſter à l'oppoſition de
maiſtre Nicolas de Flecelles Controolleur General des Gabelles de Normandie, ayant le droict cedé du ſieur Duc de Nemours, pour laquelle il ſe pouruoiroit contre iceluy ſieur Duc de
Nemours, elle auroit ordonné que leſdites lettres ſeroient leuës,
publiées & regiſtrées, ce conſentant le Procureur General du
Roy, pour eſtre executées ſelon leur forme & teneur, à la charge
d'vſer des Bois de haute fuſtaye dependans deſditslieux ſuiuant
les ordónances. Autres lettres du dix-ſeptieſme Ianuier dernier,
contenant mandement à la Chambre, que ſans auoir eſgard aux
oppoſitions deſquelles ſa Majeſté s'eſt reſerué la cognoiſſance en
ſon Conſeil, elle ait ſans aucun delay à verifier leſdites lettres
purement & ſimplement ſans aucune reſtriction. Arreſt de
ladite Chambre du troiſieſme des preſens mois & an, Par lequel
elle auroit ordonné leſdites lettres eſtre leües, publiées
& regiſtrées, ouy, & ce requerant, conſentant & accep-
ptant le Procureur General du Roy, pour les Duché d'Orleans,
& Comté de Blois, à la charge d'en faire par ledit Seigneur Duc,
les foy & hommages à ſa Maieſté ainſi qu'il eſt accouſtumé auant
qu'entrer en la iouyſſance d'iceux, & d'en enuoyer l'acte à ladite Chambre, aux charges portées par icelles, & d'vſer des bois de
haute fuſtaye en dependans ſuiuant les ordonnances: & qu'auant

qu'il puiſſe iouyr du reuenu deſdites Duchez & Comté, il ſera par ladite Chambre procedé à l'eualuation d'iceux. Et pour ce qui concerne le Duché de Chartres, faiſant droict ſur les oppoſitions formées par ledit ſieur Duc de Nemours & ſes creanciers; Apres qu'il ſera apparu à ladite Chambre qu'il aura eſté payé & ſatisfaict de la ſomme portée par le contract de delaiſſement à ſa Maieſté dudit Duché de Chartres, du vingt-ſixieſme iour d'Aouſt mil ſix cens vingt-trois, ſuiuant l'Arreſt d'icelle du vnzieſme Auril mil ſix cens vingt-cinq, ſeroit faict ce que de raiſon. Et pour le regard des lettres de nomination aux Offices extraordinaires deſdits Duchez & Comté: qu'elles ſeroient auſſi leües, publiées & regiſtrées pour en iouyr par iceluy Seigneur Duc ſa vie durant, à la reſeruation toutesfois des Offices de Threſoriers de France, & Generaux des Finances, Receueurs & Controolleurs Generaux, & autres Officiers du Bureau. Autres lettres patentes du Roy du huictieſme deſdits preſens mois & an, ſignées comme les precedentes, contenant iuſſion & mandement tres-expres à ladicte Chambre, que ſans s'arreſter auſdites oppoſitions deſquelles ſa Majeſté s'eſt reſeruée & à ſon Conſeil la cognoiſſance, & icelle interdicte à ladicte Chambre, elle ait inceſſamment & comme pour ſes propres affaires à proceder à la verification deſdites lettres d'Apanage & Declaration purement & ſimplement ſans aucune reſtriction ny modification: leſquelles elle a leuées & oſtées nonobſtant ledit Arreſt. Concluſions du Procureur General du Roy, & tout conſideré. LA CHAMBRE ayant eſgard auſdites lettres de iuſſion, a ordonné & ordonne qu'elles ſeront regiſtrées. Ouy, ce requerant, conſentant & acceptant le Procureur General du Roy, pour ce qui regarde le Duché de Chartres, ſans preiudice des oppoſitions dudit ſieur de Nemours & ſes creanciers, par leſquelles ils ſe retireront par deuers le Roy pour leur eſtre pourueu. Ordonne en outre que ledit Sieur Duc iouyra de la nomination aux Offices de Threſoriers de France & Generaux des Finances, Receueurs & Controlleurs Generaux & autres Officiers du Bureau reſeruez & exemptez par l'Arreſt du troiſieſme de ce preſent mois. Et pour le ſur plus que ledit Arreſt tiendra. FAICT les deux Bureaux aſſemblez le quinzieſme iour de Mars mil ſix cens vingt ſept.

EXTRAICT DES RE-
giſtres de la Cour des Aydes.

VEV PAR LA COVR, Les Lettres Patentes du Roy en forme de chartes données à Nantes au mois de Iuillet mil ſix cés vingt ſix, Signées LOVIS, Et plus bas. Par le Roy, DE LOMENIE. Et ſeellées du grand ſeel de cire verte en lacs de ſoye rouge & verte, Par leſquelles, & pour les cauſes y contenuës ledit Seigneur donne, oĉtroye & delaiſſe, à Monſieur ſon Frere vnique & à ſes enfans maſles deſcendans de luy en loyal mariage, pour leur Apanage & entretenement, ſelon l'ancienne nature des Apanages de la Maiſon de France & loy du Royaume touſiours gardée en iceluy, les Duchez d'Orleans & Chartres, & Comté de Blois, ainſi qu'ils ſe comportent, eſtendent & conſiſtent de toutes parts, tant en Villes, Citez, Chaſteaux, Chaſtellenies, places, Maiſons Foretereſſes, fruiĉts, profits, cens, rentes, reuenus, emolumens, Hommes, Hommaſſes, Vaſſaux, Vaſſelages & Subjeĉts, Bois, Foreſts, Eſtangs, Riuieres, Fours, Moulins, Prez, Paſturages, Fiefs, Arriere-fiefs, Iuſtices, Iuriſdiĉtions, Patronages d'Egliſes, Collations des Benefices, Aubenages, forfaiĉtures, confiſcations & amendes, Quints, Requints, lots, ventes, proffits de Fiefs & tous autres droiĉts & deuoirs quelſconques appartennants audit Seigneur Roy eſdites Duchez & Comté, & à cauſe d'iceux, & ce iuſques à la concurrence de la ſomme de cent mil liures tournois de reuenu par chacun an, pour en iouyr & vſer ainſi qu'il ſt plus au long contenu par leſdites Lettres. AVTRES Lettres patentes auſſi données à Nantes le dernier dudit mois de Iuillet ſignées ſur ledit reply comme les precedents, & ſeelleés ſur double queuë du grand ſeau de cire iaune, Par leſquelles ledit Seigneur per-

D iij

met & octroye audit Sieur son Frere vnique qu'il puisse & luy soit loisible sa vie durant, à commencer du iour qu'il entrera en possession dudit Apanage, de nommer & presenter tant aux Abbayes, Prieurez, & tous autres Benefices Consistoriaux, qu'aux Offices, & Commissions des Iuges des Exempts, Presidens, Conseillers, & autres Officiers des sieges Presidiaux establis dans les terres de sondit Apanage, mesmes aux Offices & Commissions dependans des Aydes, Tailles, & Gabelles & autres extraordinaires, aux conditions, exceptions & reseruations y contenuës esdites lettres. Les Arrests tant de la Cour de Parlement, Chambre des Comptes à Paris de verification d'icelles, esemble dudit Apanage des quatorziesme Decembre mil six cens vingt-six, trois & quinziesme Mars mil six cens vingt-sept, Conclusions du Procureur General du Roy : le tout veu & consideré. LA COVR A ORDONNE' ET ORDONNE que sur le reply desdites lettres sera mis, qu'elles ont esté leuës, publiées & registrées, ouy, ce consentant, requerãt & acceptant le Procureur General du Roy, en icelle, pour estre executées selon leur forme & teneur, à la charge de disposer des Offices ressortissans en ladite Cour en la forme & maniere qu'il peut pouruoir aux autres, selon & ainsi qu'il est porté par lesdites lettres d'Apanage. FAIT à Paris en la Cour des Aydes le vingt-sixiesme iour de Mars mil six cens vingt sept.

ACTE DE FOY
ET HOMMAGE FAICTS AV ROY
par Monſeigneur le Duc d Orleans ſon Frere Vnique des choſes à luy données en Apanage.

OVIS PAR LA GRACE DE
DIEV, ROY DE FRANCE ET DE
NAVARRE, A nos amez & feaux
les gens de nos Comptes à Paris, Preſidens Threſoriers de France & Generaux de
nos Finances à Orleans , Salut. SÇAVOIR
FAISONS que noſtre tres-cher & tres-amé
Frere vnique le Duc d'Orleans, & de Char-
tres, & Comte de Blois, nous a ce iourd'huy faict en nos mains
les foy & hommage lige qu'il eſtoit tenu nous faire pour raiſon
deſdits Duché & Pairie d'Orleans, & de Chartres, & dudit Comté de Blois, tenans & mouuans de nous à cauſe de noſtre Couronne, & leſquels Duché, Pairie & Comté, nous luy auons n'a-
gueres delaiſſez pour ſon Apanage, auſquels foy & hommage
nous l'auons receu, ſauf noſtre droict, & l'autruy: SI VOVS
MANDONS, & à chacun de vous qu'il appartiendra, ordonnons qu'au moyen deſdits foy & hommage à nous ainſi faicts,
Vous ne faictes ou donniez, ne ſouffrez eſtre faict, ou donné à
noſtredit Frere, ne auſdits Duché & Comté, leurs appartenances & dependances, aucun empeſchement, ains ſi faict, mis, ou
donné auoit eſté ou eſtoit, le mettez ou faictes incontinent &
ſans delay remettre à pleine & entiere deliurance. CAR tel eſt
noſtre plaiſir DONNE à Paris le huictieſme iour de May l'an de
grace mil ſix cẽs vingt-ſept, & de noſtre regne le dix-ſeptieſme.
Signé LOVIS, Et plus bas, Par le Roy, DE LOMENIE.

ARREST DE LA
CHAMBRE DES COMPTES SVR
la reception des foy & hommage mentionnez és
lettres cy-deſſus.

ES GENS DES COMPTES DV Roy nostre Sire à Paris, aux Preſidens, Threſoriers de France & Generaux des Finances en la Generalité d'Orleans, Baillifs auſquels ces preſentes ſeront monſtrées, ou à leurs Lieutenans, Procureurs & Receueurs ordinaires dudit ſieur en chacun de leurs Bailliages, ou à leurs Commis, ſalut. Il nous eſt apparu par lettres patentes du Roy noſtredit ſieur, données à Paris le huictieſme iour de ce preſent mois de May, au duplicata deſquelles ces preſentes ſont attachées, que Gaſton fils de France Frere vnique du Roy, Duc d'Orleans, de Chartres, & Comte de Blois, a ledit iour faict les Foy & Hommage és mains du Roy, qu'il eſtoit tenu faire pour raiſon deſdits Duchez & Pairies d'Orleans & de Chartres & dudit Comté de Blois, tenus & mouuans de ſa Majeſté delaiſſez audit ſieur ſon Frere pour ſon Apanage; Auſquels Foy & Hommage il a eſté receu ſauf le droict du Roy & l'autruy. SI VOVS MANDONS, & à chacun de vous commme il appartiendra, que ſi pour cauſe deſdits Foy & Hommage non faicts, leſdits Duchez, Pairie, & Comté, leurs appartenances & dependances, ſont ou eſtoient ſaiſies, ou autrement empeſchées, vous les mettez ou faites mettre incontinant & ſans delay à pleine & entiere deliurance, & au premier eſtat & deub, à la charge qu'il en baillera en la Chambre deſdits Comptes ſon adueu & denombrement par eſcrit dans le temps de l'Ordonnance, fera & payera à vous Receueurs les autres droicts & deuoirs ſi aucuns ſont

pour

pour ce deubs, si faicts & payez ne les a : & aussi qu'il n'y ait aucune chose du Domaine du Roy nostredit Seigneur, ne autre cause
raisonnable d'empeschement pourquoy faire ne le deuez, laquelle au cas qu'elle y seroit nous escriuiez en fin deuë. DONNE en
la Chambre des Comptes le dix-huictiesme iour de May mil six
cens vingt sept, ainsi signées MAILLARD, & seellées du seel
de ladite Chambre.

EXTRAICT DES REGISTRES
de la Chambre des Comptes.

Lesdites Lettres, Declaration, Arrests de verification, Lettres de Iußion, Arrests donnez en suitte d'icelles, & Acte de Foy & Hommage cy dessus ont esté veus & collationnez sur

OVIS PAR LA GRCE DE DIEV,
ROY DE FRANCE ET DE NAVARRE,
A tous nos Gouuerneurs, Lieutenans Generaux de nos Prouinces & Armees, Mareschaux de France & de Camp, Capitaines,
Chefs & conducteurs de gens de guerre, tant
de cheual que de pied, de quelque nation
qu'ils soient, Mareschaux des logis, Com-
missaires commis & à commettre a faire & establir les logis & de-
partemens de nosdits gens de guerre. Baillifs, Seneschaux, Preu-
osts, Iuges, Maires, Consuls & Escheuins de nos villes, Gardes
des ponts, ports, peages, passages, & autres nos Officiers & suiects qu'il appartiendra, salut. Ayans en singuliere recommenda-
tion ce qui concerne le bien & vtilité de nostre tres-cher & tres-
amé Frere vnique le Duc d'Orleans, & de nostre tres-chere &
tres-amée belle Sœur sa Femme comme nous y sommes obligez:
Et considerans que les terres à eux appartenants qui sont les Duchez de Montpensier, & de sainct Fergeau, Souueraineté de
Dombes, Principautez de la Roche-sur-Yon, & du Luch, Dau-

phiné d'Auuergne , Comtez de Mortaing , & de Bar ſur
Seine , Vicomtés d'Auge , de Roucheuille & de Broſſes, Marqui-
ſat de Mayſieres , Baronnies de Beaujollois , Thiers , Eſcolle,
Montargis & ſaincte Seuere, pays de Combrailles , les terres &
ſeigneuries d'Argenton , Clouys Aguerande, Aiſay le Duc, &
Champigni , leur maiſon & principale demeure , Champnaut, la
Rajace, Saſſay , le Rouillis, Baſſe Chaucelee, & Vouguet en dependans , ſont places fortes & importantes au bien de noſtre ſer-
uice. Nous aurions mis en deliberation de noſtre Conſeil , de
pouruoir à la conſeruation d'icelles , ſoit par eſtabliſſement de
garniſons neceſſaires, ou autres voyes plus douces , & moins à la
foule de noſtre pauure peuple : Mais eſtant la qualité de noſtredit Frere aſſez notoire , & digne d'eſtre affranchie des effects , &
éuenemens de la guerre, voire d'oſter tout ſubiect à toutes ſortes
de gens de guerre de courre, n'y entreprendre ſur choſe qui luy
appartienne. Nous auons eſtimé nos lettres de Sauuegarde luy
deuoir ſuffire. A CES CAVSES vous mandons, & à chacun de
vous enioignons tres-expreſſement qu'en toutes & chacune les
ſuſdites terres, Chaſteaux, Forchereſſes, Villes, Bourgs, Villages, Parroiſſes, Hameaux, Maiſons, & Meſtairie particulieres
en dependans & ſituez au dedans d'icelle, vous n'avés à loger faire ſouffrir ny permettre eſtre logez ſoit par garniſons ou autrement, aucuns deſdits gens de guerre, y paſſer ou repaſſer en aucune maniere & pour quelque cauſe que ce ſoit, n'y y prendre ou
ſouffrir eſtre pris ou emporté aucuns biens, meubles, viures, be-
ſtiaux, ou autres choſes quelconques, ſoit pour hommes & che-
uaux, ſans le vouloir & conſentement de noſtredit Frere , ſes
Receueurs, Fermiers deſdites terres, Habitans deſdites Villes,
Villages & Parroiſſes. Et les proprietaires deſdites Maiſons, &
Meſtairies, vaſſaux, & tenanciers de noſtredict Frere. Tous leſquels auec leurs familles, gens & ſeruiteurs , Nous auons pris,
prenons , & mettons par ces preſentes ſignées de noſtre main , en
& ſoubs noſtre protection & ſauuegarde ſpeciale, laquelle ne ſera
par vous enfraincte ſur peine de punition exemplaire. Et outre
auons de noſtre grace ſpeciale , plaine puiſſance & authorité
Royale, permis & permettons à tous les Officiers & ſubjects de
nous & de noſtredit Frere, reſidans ou qui ſe voudroient retirer
eſdicts lieux, manans ou habitans d'iceux, qu'ils puiſſent aller,
venir, paſſer, repaſſer , & ſejourner par tous les lieux, Villes, paſ-

fages, & endroicts de noftre Royaume, foit pour les affaires de noftredit Frere; ou les leurs particulieres, mefmes pour tranf-porter, vendre & debiter, tant par eau que par terre, leurs fruicts, reuenus, & denrées, en tels lieux & endroicts que bon leur fem-blera, en payant les droicts & debuoirs pour ce deubs, és lieux & endroicts par nous eftablis, Et afin que ces prefentes ne demeu-rent fans effect & infructueufes à noftredit Frere, & nofdicts fu-jects de quelque qualité & condition qu'ils foient, Nous man-dons, ordonnons & tres-expreffement enjoignons à tous les Pre-uofts de nos tres-chers & feaux Coufins les Marefchaux de Fran-ce plus prochains defdits Duchez, Souueraineté, Marquifat, Comtez & Seigneuries d'y faire de iour à autre leurs cheuauchees pour faire exacte perquifition & recherche, foit defdits gens de guerre ou autres fans adueu, de quelque party qu'ils puiffent eftre qui fe trouueront auoir contreuenu à cefdites prefentes pour en ce cas, & fur les plainctes qu'ils receuroient des fufdites perfon-nes, proceder contre les delinquants & autres vagabons, com-me voleurs par les voyes accouftumées & permifes par l'eftablif-fement des charges defdits Preuofts, fur peine, ou il y auroit de leurs fautes, longueurs ou negligence, de refpondre en leur pro-pre & priué nom, enuers nofdicts fubjects & parties interefées des pertes & dommages qu'ils en auront receu. Comme auffi voulons & entendons qu'il foit proceddé comme deffus par lef-dicts Preuofts, contre les Gentils-hommes particuliers, & habi-tans defdits lieux & autres circonuoifins de quelque qualité & condition qu'ils foient, qui fe trouueront auoir directement ou indirectement conniué ou participé auec lefdicts delinquans, & iceux retirez ou fauorifez en quelque forte & maniere que ce foit au preiudice de cette noftre prefente intention, De laquelle afin que nul n'en pretende caufe d'ignorance: Nous voulons cefdites prefétes eftre leuës & publiées par tout ou befoing fera. Par lefquel les mandós en outre, & tres-expreffément enioignons tant à cha-cun de vous que Gentils-hommes & autres nos feruiteurs & fu-iects, fi comme à luy appartiendra d'affifter nofdicts Preuofts & autres nos Officiers pour l'entiere execution d'icelles, fur les mef-mes peines: Et pour ce que de cefdites prefentes, l'on pourra a-auoir affaire en plufieurs & diuers lieux. Nous voulons qu'au vi-dimus d'icelles deuëment collationné par l'vn de nos amez & fe-aux Confeillers, Notaire, & Secretaire, ou foubs le feel Royal,

E ij

foy ſoit adiouſtée comme au preſent original : CARTEL eſt noſtre plaiſir. EN TESMOING de quoy nous auons fait mettre noſtre ſeel à ceſdites preſentes. DONNE à Paris le huictieſme iour de Mars mil ſix cens vingt-ſept, Et de noſtre regne le dix ſeptieſme, ſigné, LOVIS, & plus bas, par le Roy, LE BEAVCLERC, Et ſeellée du grand ſçeau de cire iaune, ſur ſimple queuë.

Collationné à l'Original par moy Conſeillier, Secretaire du Roy & de ſes Finances,

---

EXTRAICT DES REgiſtres du Conſeil d'Eſtat.

SVR ce qui à eſté remonſtré au Roy, eſtant en ſon Conſeil, de la part de Monſieur le Duc d'Orleans ſon Frere vnique, que ceux qui tiennent des Domaines engagez dans l'eſtenduë des Duchez dudit Orleans, de Chartres & du Comté de Blois ayans pouuoir de nommer aux Offices & Benefices deppendans deſdits Domaines engagez, pourroient faire difficulté d'adreſſer leurs nominations à mondit ſieur, au lieu qu'ils les ſouloient porter à ſa Majeſté, s'il ne luy plaiſt ainſi l'ordonner : Conformément aux lettres patentes de ſon Apanage verifiées en la Cour de Parlement; Veu leſdites letttes patentes d'Apanage & tout conſideré. LE ROY ESTANT EN SONDIT CONSEIL, a ordonné & ordonne que tous ceux qui tiennent des Domaines engagez dans leſdits Duchez d'Orleans, de Chartres & du Comté de Blois, ayant ladite faculté de nommer aux Offices & Benefices qui en deppendent, ſeront tenus (vaccation aduenant d'iceux) d'adreſſer deſormais leurſdites nominations à mondit ſieur le Duc d'Orleans pour en donner par luy les tiltres & prouiſions. FAIT au Conſeil d'Eſtat du Roy tenu à Paris ſa Majeſté y ſceant, le douzieſme iour de Decembre mil ſix cens vingt-ſix. Signé, DE LOMENIE.

OVIS PAR LA GRACE DE
DIEV, ROY DE FRANCE ET DE
NAVARRE, Aux Baillifs de l'eſtenduë de
l'Apanage par nous delaiſſé à noſtre tres cher
& tres amé Frere vnique le Duc d'Orleans
ou leurs Lieutenans, Salut. Par l'Arreſt de
noſtre Conſeil d'Eſtat du iourd'huy, ſur la
remonſtrance à Nous faicte par noſtredit
Frere: Nous auons pour les cauſes & conſiderations y contenuës ordonné que tous ceux qui tiennent des Domaines engagez
dans les Duchez d'Orleans, de Chartres & Comté de Blois,
ayans la faculté de nommer aux Offices & Benefices qui en de-
pendent, ſeront tenus (vaccation aduenant d'iceux) d'adreſſer
d'oreſnauant leurſdites nominations à noſtredit Frere le Duc
d'Orleans, pour en donner par luy ſes tiltres & prouiſions ainſi
que nous ſoullions faire auparauant. A CES CAVSES nous vous
mandons & ordonnons, & à chacun de vous tres-expreſſé-
ment enioignons qu'iceluy Arreſt de noſtredit Conſeil d'Eſtat cy
attaché ſoubs noſtre contreſcel, vous ayez à faire regiſtrer & iceluy publier par tout ou beſoin ſera, à ce que nul n'en pretende
cauſe d'ignorance: Et que ceux qui tiennent deſdits Domaines
engagez ayent ay obeyr, conformément audit Arreſt que nous
voulons eſtre executé, gardé & obſerué inuiolablement : De ce
faire vous donnons plain pouuoir, authorite, commiſſion & mandement ſpecial par ces preſentes: Et d'autant que dudit Arreſt &
deſdites preſentes l'on pourra auoir affaire en pluſieurs & diuers
lieux: Nous voulons qu'au vidimus d'icelles deuëment collationnez par l'vn de nos amez & feaux Conſeilliers & Secretaires foy
ſoit adiouſtée comme au preſent Original: CAR tel eſt noſtre
plaiſir. DONNE à Paris le douzieſme iour de Decembre mil ſix
cens vingt-ſix. Et de noſtre regne le dix-ſeptieſme. Signé LOVIS,
Et plus bas par le Roy, DE LOMENIE. Et ſcellé de cire iaune.

E iij

EXTRAICT DES

REGISTRES DV CONSEIL DE
Monseigneur Fils de France, Frere vnique du Roy, Duc d'Orleans, de Chartres, & Comte de Blois.

V R la Requeste presentée à Monseigneur Fils de France Frere vnique du Roy en son Conseil, Par tous les Officiers de Iudicature de ses Duchez d'Orleans, de Chartres & Comté de Blois, tendants à ce qu'il luy pleust leur accorder ses lettres de nomination au Roy, pour estre maintenus chacun en droict soy, & ainsi qu'ils faisoient auparauant son Apanage, en la cognoissance, Cour & Iurisdiction des causes attribuées aux Iuges des Exempts par ledit Apanage. SON ALTESSE ordóne que lesdites lettres de nomination au Roy pour la cognoissance chacun en droict soy, des cas reseruez ausdicts Iuges des Exempts, leur seront deliurées lors que sondit Apanage aura esté verifié és Cours de Parlement, Chambre des Comptes & Cour des Aydes. FAICT au Conseil de Monseigneur, le vingt-deuxiesme iour de Nouembre mil six cens vingt six.

Signé,   GOVLAS.

Collationné à l'Original par moy Conseiller & Secretaire du Roy & de ses Finances,

DAMONT.

CONTRACT DE MA-
RIAGE DE MONSIEVR FILS
de France, Frere vnique du Roy, Duc d'Orleans,
Chartes, & Comte de Blois, Auec tres-haute,
tres-illuſtre, & tres-excellente Princeſſe Madame Marie de Bourbon, Souueraine de Dombes,
Ducheſſe de Montpenſier, S. Fergeau, Chaſtelleraut, Dauphiné d'Auuergne, & Dame de pluſieurs autres pays, terres, & Seigneuries.

AV NOM DE DIEV, Sçachent tous preſens & aduenir, que comme le Roy n'ait eu autre plus grand deſir que de pouruoir ſoigneuſe-ment à tout ce qu'il a recognu neceſſaire à Monſeigneur Gaſton Iean Baptiſte Duc d'Orleans ſon frere vnique, ſoit pour ſa per-ſonne, ſoit pour ſes entretenemens & de ſa maiſon ſelon ſa grandeur & dignité, SA MAIESTE à bien voulu auſſi luy donner l'Apanage dont elle l'a pourueu en l'inueſtiſſant depuis peu des Duchez d'Orleans & de Chartres, & du Comté de Blois : Et continuant ſadite Majeſté ſes meſmes ſoings en augmentant de iour en iour ſes affections en-uers mondit Seigneur ſon Frere, elle s'eſt faict repreſenter les Ar-ticles qui du viuant du feu Roy ſon Seigneur & pere, & en pre-ſence & du conſentement de la Royne ſa mere auoient eſté ſignez & arreſtez le quatorzieſme Ianuier mil ſix cens huict, pour le ma-riage de feu Monſeigneur le Duc d'Orleans auec Madamoiſelle

Marie de Bourbon fille vnique & seule heritiere de feu Monseigneur le Duc de Montpensier, lequel desiroit instamment la con-
sommation dudit Mariage pour faire rentrer dans la maison do
France les Duchez, terres & Seigneuries par luy possedées à lors:
desquels il se vouloit deuestir au profit de madite Damoiselle Marie de Bourbon sa fille. Mais comme il n'y a rien de certain aux
choses du monde, & le project des hommes qui est subiect à la
prouidence diuine s'esuanouist auec le temps selon qu'il plaist à
Dieu l'ordonner, il seroit arriué quelques années apres le deceds
dudit deffunct Roy & dudit Seigneur Duc de Montpensier, que
Mondit Seigneur Duc d'Orleans seroit aussi passé de cette vie en
vne meilleure: ce qui auroit donné subiect à sa Maiesté, suiuant
le dessein & conseil du feu Roy son pere, d'arrester le mesme trai-
cté de mariage entre mondit Seigneur à present Duc d'Orleans
son Frere auec ladite Damoiselle, & estans paruenus tous les d eux
en aage nubile, plusieurs & diuerses propositions en auroient esté
aduancées, lesquelles en fin ont esté concluës au gré & cont en-
tement de leurs Majestez, de mondit Seigneur le Duc d'Orleans,
& de madite Damoiselle de Bourbon, de Madame la Duchesse
de Guise sa mere, & autres ses plus proches parens & alliez. P O V R
CE EST IL que de la volonté & consentement de tres haut, tres
puissant & tres-excellent Prince L O V I S par la grace de Dieu
Roy de France & de Nauarre, & de tres-haute, tres-puissante &
tres-excellente Princesse par la mesme grace de Dieu Royne de
France & de Nauarre, mere de sa Maiesté, & de mondit Seigneur, & de tres haute, tres puissante & tres-excellente Princesse A N N E aussi par la grace de Dieu Royne de France & de
Nauarre, Femme Espouse & Compagne de sadite Maiesté, tres-
haut & tres-puissant Prince Gaston Iean Baptiste Duc d'Orleans
& de Chartres, & Comte de Blois, Pair de France, du consentement & soubs l'authorité de sadite Maiesté & de la Royne sa mere
d'vne part: & haute & excellente Princesse Madame Henriette
Catherine de Ioyeuse, cy-deuant veufue de haut & excellent
Prince Henry de Bourbon Duc de Montpensier & de S. Fergeau,
Pair de France, & à present, femme de haut & puissant Prince Charles de Lorraine Duc de Guise, Pair de France,
Gouuerneur & Lieutenant general pour sadite Maiesté en Pro-
uence, luy & ladite Duchesse sa femme tuteurs de haute & puissante Princesse Marie de Bourbon Souueraine de Dombes, Duchesse

cheſſe de Montpenſier, de S. Fergeau, & Chaſtelleraut, Dauphiné, d'Auuergne, Princeſſe de la Roche ſur-Yon & du Luth,
Marquiſe de Mezieres, Baronne de Beaujolois, Comteſſe de Bar
ſur Seine, & de Mortaing, Vicomteſſe d'Auge, de Broſſe &
Domfront, Dame de Champigny, de Combrailles & Mont-ai-
gut, & ce ladite Dame de Guiſe tant en ſon nom de tutrice, que
comme ſoy faiſant fort dudit ſieur ſon mary, par lequel elle à promis faire ratifier & agreer le contenu en ces preſentes dans trois
mois : & madite Damoiſelle Marie de Bourbon ſa fille d'autre-
part, leſquels mondit ſieur Duc d'Orleans & madite Damoiſelle
Ducheſſe de Montpenſier ont de leur bon gré, pures & franches
volontez conuenu & accordé ce qui enſuit. C'EST AS SAVOIR
que môdit Seigneur le Duc d'Orleans ſoubs l'authorité & du vouloir & conſentement de ſadite Maieſté & de ladite Dame Royne
ſa mere, promet prendre à femme & Eſpouſe par Loy de mariage
ſolennellement en face de Saincte Egliſe madite Damoiſelle Marie de Bourbon, auec tous ſes droicts ſucceſſifs paternels qui de
preſens luy appartiennent, & maternels qui luy pourront eſchoir,
competer & appartenir apres le deceds de madite Dame Ducheſſe de Guiſe ſa mere ſuiuant la Couſtume des lieux ou leſdits biens
ſont ſituez & aſſis, comme auſſi madite Damoiſelle Marie de
Bourbon ſoubz l'authorité, vouloir & conſentement de ladite
Dame Ducheſſe de Guiſe eſdits noms, a promis & promet prendre à mary & Eſpoux mondit Seigneur le Duc d'Orleans en ladite face de Saincte Egliſe, ſuiuant les Loix & Sainctes conſtitutions
d'icelle, & aux clauſes & conditions cy-deſſus & cy-apres decla-
rées. Le Roy ayant donné Apanage à mondit Seigneur le Duc
d'Orleans ſon Frere, conſent qu'il douë, comme de faict il à doué
preſentement madite Damoiſelle Marie de Bourbon ſa future
Eſpouſe de la ſomme de quarante mil liures de douaire preſix par
chacun an en fond de terre de proche en proche à prendre & en
iouïr par ſes mains du iour que douaire aura lieu ſur tous & chacun les biens, terres & Seigneuries de mondit Seigneur d'Orleans, meſmes ſur les terres de ſondit Apanage : & outre donne
à ſadite future Eſpouſe le Chaſteau de Montargis garny de meubles, comme il conuient à ſa qualité pour ſon habitation & douï-
aire ſa vie durant. Seront leſdits futurs Eſpoux du iour de leurs
Eſpouſailles vns & communs en tous biens, meubles, acqueſts &
conqueſts, immeubles qui ſeront par eux faicts durant & con-

F

ſtant ledit mariage, ſuiuant la Couſtume de la Preuoſté & Vicõ-
té de Paris. Arriuant diſſolution dudit mariage par le deceds de
mondit Seigneur le Duc d'Orleans ſans delaiſſer enfans dudit
mariage viuans, ſera loiſible à ladite future Eſpouſe ſuruiuante de
renoncer à ladite Communauté dans trois mois apres le deceds,
& y renonçant ſe deſcharger de toutes debtes, ſoit qu'elle y euſt
parlé, ou non : & neantmoins de remporter tous les biens paternels & maternels tãt meubles qu'immeubles & ce qui luy ſera ad-
uenu & eſcheu depuis ledit mariage ſoit par dõs, ſucceſſions ou autrement, auec ſes habits bagues & ioyaux qu'elle aura apportez,
dont à cette fin ſera faict inuentaire, enſemble ſondit doüaire tel
que deſſus, & ledit Chaſteau de Montargis pour ſon habitation.
Mais s'il y auoit enfans viuans lors du predecez de mondit Seigneur le Duc d'Orleans, il demeurera la moitié des propres à ladite future Eſpouſe, qui ne ſera ſubiecte à reſtitution : & ſera pro-
pre auſdits enfans procreez dudit mariage, dont toutesfois l'vſufruict demeurera à la future Eſpouſe pendant ſa viduité. Et au cas
que leſdits enfans vinſent à deceder du viuant de ladite future Eſpouſe, ſans enfans, elle aura le meſme vſufruict ſa vie durant, à la
charge qu'apres ſon decez l'vſufruict ſera conſolidé à la proprieté
& l'vn & l'autre appartiendra à ſa Majeſté & à la Couronne, ſans
preiudice des droicts qui peuuent & doiuent appartenir à ſa Maieſté pour l'autre moitié deſdits propres de ladite Damoiſelle par
diſpoſition teſtamentaire & codicile de feu Monſieur de Montpenſier ou autrement, ſans preiudice auſſi des droicts pretendus
par ladite Dame Ducheſſe de Guiſe en vertu deſdits teſtament &
codicile, & de ceux de ſa Majeſté & de ſa Couronne : Et en cas
que ladite future Eſpouſe ſuruiuant auec enfans dudit mariage ſe
vouluſt tenir à ſa Communauté, & y participer, elle emportera
ſeulement le tiers des biens d'icelle Communauté, en payant par
elle ſeulement le tiers des debtes. Mais s'il n'y a enfans, & qu'elle
choiſiſſe de participer à ladite Communauté, elle en emportera
la moitié, à la charge auſſi de payer & acquitter par elle la moitié
des debtes d'icelle. VENANT au contraire ladite future Eſpouſe
à predeceder ſans delaiſſer enfant ou enfans dudit mariage, mondit Seigneur le Duc d'Orleans ne ſera tenu & ne pourront les he-
ritiers de ladite future Eſpouſe pretendre ny luy demander que
les deux tiers de tous les biens qui appartiendront à ladite future
Eſpouſe lors de ſon decez, demeurant l'autre tiers à mondit Sei-

gneur d'Orleans pour les frais des nopces & charges de mariage.
ET AV CAS QVE pendant ledit mariage il seroit aliené quelques biens des propres & immeubles de ladite future Espouse, o-
res qu'elle y eust parlé, ou qu'il soit faict rachapt d'aucunes de ses
rentes, ou retiré quelque Domaine aliené à elle appartenant, en
sera faict employ par ledit futur Espoux, à faute de ce faire par luy
pendant ledit mariage, les deniers seront repris sur la Communauté, & si elle ne suffit sur les propres dudit futur Espoux. EN
faueur duquel mariage ladite Dame Duchesse de Guise a donné
à ladite future Espouse par aduancement de ce qui luy pourra es-
choir de sa succession vn grand Diamant estimé & eualué à la
somme de deux cents mil liures, luy laissant le choix & option ou
de garder ledit Diamant ou de prendre ladite somme de deux
cents mil liures en le raportant quand ladite succession escherra:
Et à tout ce que dessus entretenir, garder, obseruer & accomplir,
se font les parties de bonne foy obligées & obligent auec tous &
chacuns leurs biens meubles & immeubles presens & à venir, sans
iamais y contreuenir. Et furent les presentes faictes & passées en
presence de tres-haute & tres-puissante Princesse Marguerite
Charlotte de Montmorency Princesse de Condé, & tres haute
& puissante Princesse Louyse de Lorraine Princesse de Comty, &
plusieurs Princes & Princesses, Ducs, Pairs, Officiers de la Couronne, & principaux Seigneurs du Conseil de sa Maiesté, & de
nous ses Conseillers & Secretaires d'Estat; & des Commande-
ments & Finances de sadite Majesté au Chasteau de Nantes le
cinquiesme iour d'Aoust mil six cens vingt-six. Ainsi signé,
LOVIS, MARIE, ANNE, GASTON, Catherine de Ioyeuse, Marie de Bourbon, Ie de Montmorancy, Louyse de Lorraine, de Marillac, de Schomberg, de Lomenie, & Potier.

*Registrées, ouy le Procureur General du Roy, pour estre executé selon
leur forme & teneur, sans que la qualité prise par ladite Dame de Montpensier, de Duchesse de Chastelleraut, Vicomtesse de Domfront, & autres
terres qu'elle tient par engagement puisse preiudicier aux droicts du Roy.
A Paris en Parlement le dernier iour d'Aoust mil six cens vingt-six.*